Bibliografische Information der Deutschen Nationalbibliothek:

Die Deutsche Bibliothek verzeichnet diese Publikation in der Deutschen National-bibliografie; detaillierte bibliografische Daten sind im Internet über http://dnb.d-nb.de/ abrufbar.

Impressum:

Copyright © 2015 GRIN Verlag, Open Publishing GmbH
Druck und Bindung: Books on Demand GmbH, Norderstedt Germany
ISBN: 978-3-668-04346-6

Dieses Buch bei GRIN:

http://www.grin.com/de/e-book/306321/gefuehle-zeigen-ursachen-kulturell-unterschiedlicher-emotionaler-reaktionen

Lisa Marie Schmidt

Gefühle zeigen. Ursachen kulturell unterschiedlicher emotionaler Reaktionen

Die Fijianerin, die anfing zu weinen, als sie vom Zusammenleben in Deutschland hörte

GRIN Verlag

GRIN - Your knowledge has value

Der GRIN Verlag publiziert seit 1998 wissenschaftliche Arbeiten von Studenten, Hochschullehrern und anderen Akademikern als eBook und gedrucktes Buch. Die Verlagswebsite www.grin.com ist die ideale Plattform zur Veröffentlichung von Hausarbeiten, Abschlussarbeiten, wissenschaftlichen Aufsätzen, Dissertationen und Fachbüchern.

Besuchen Sie uns im Internet:

http://www.grin.com/

http://www.facebook.com/grincom

http://www.twitter.com/grin_com

FOM Hochschule für Oekonomie & Management Essen

Standort München

Berufsbegleitender Master-Studiengang Wirtschaftspsychologie zum

Master of Science (M.Sc.)

1. Semester

Seminararbeit im Modul Sozialpsychologie

Gefühle zeigen. Ursachen kulturell unterschiedlicher emotionaler Reaktionen

Die Fijianerin, die anfing zu weinen, als sie vom Zusammenleben in Deutschland hörte

Lisa Marie Schmidt

2015

Inhalt

Abbildungsverzeichnis

1. Einleitung

1.1. Problemstellung

„Im Mai 2014 verließ ich für ein paar Wochen unsere bequeme und mir zur Genüge bekannte Gesellschaft und reise ans andere Ende der Welt. Nach 35 Stunden in der Luft oder in diversen Abflughallen unserer Erde betrat ich zum ersten Mal das Festland Fijis. Weitere fünf Stunden Bootsfahrt entfernt liegt Nanuya Lailai, eine der Fiji-Inseln mit rund 60 Einwohnern auf 3 km², mitten in der Südsee. Das Leben ist sehr einfach, ohne fließend Wasser und Strom. Doch der wohl auffallendste Unterschied zu unserer westlichen Kultur ist die beeindruckende Gemeinschaft der Menschen. Beim gemeinsamen Lagerfeuer tauschten wir uns aus. Die Fijianer waren sehr neugierig auf meine Erzählungen aus der westlichen Welt. Doch als ich erzählte, dass ich meine Nachbarn im Mehrfamilienhaus in München nicht kenne, fing eine Frau plötzlich an zu weinen."

Die vorliegende Arbeit hat zum Ziel, diese emotionale Situation unter dem Arbeitstitel „Emotionen zeigen" zu analysieren sowie die Beweggründe herauszuarbeiten. Dabei liegt der Schwerpunkt auf den drei Fragen „Bedeutet das Weinen für alle Kulturen das Gleiche?," „Kann man Emotionen erlernen?" und „Was ist der entscheidende kulturelle Unterschied in der Erziehung von Emotionen?".

1.2. Vorgehensweise

Analog zu den drei Teilfragen unterteilt sich auch die Arbeit in die drei Abschnitte „Emotionen zeigen", „Emotionen erlernen" und „kulturelle Unterschiede in der emotionalen Erziehung". Im Rahmen der Analyse werden verschiedene sozialpsychologische Modelle und Experimente herangezogen, um die Einzelfragen zu beantworten. Die Ergebnisse werden anschließend zusammenhängend dargestellt, bevor sie im Rahmen des Fazits auf die Ausgangssituation bezogen werden. In dieser Arbeit liegt der Fokus auf den drei Teilfragen, um zielgerichtet die Ausgangssituation zu erklären, daher wird auf die Erläuterung der umfangreichen Grundlagen der Emotionspsychologie verzichtet.

2. Emotion

2.1. Emotionen zeigen

Bei dem Zusammentreffen beider Kulturen, mit verschiedenen Sprachen, Bräuchen, Lebensweisen sowie der Lebensumgebung stellt sich zunächst die Frage, ob auch die emotionale Sprache beide Kulturen voneinander unterscheidet. Verstehen beide Kulturen das Gleiche unter dem emotionalen Ausdruck „Weinen" oder kommunizieren die betroffenen Personen aneinander vorbei? Gibt es eine universale Emotion, ein gleiches Verständnis des emotionalen Ausdrucks, unabhängig von der Kultur?

2.1.1. Ekmans universale Emotion

„Emotional expressions are crucial to the development and regulation of interpersonal relationships."[1]

Der US-amerikanische Anthropologe und Psychologe, Paul Ekman erkannte früh, dass viele Informationen nonverbal durch Gestik und Mimik geäußert werden. Er beschäftigte sich intensiv mit der Frage, ob eine universale Mimik existiert.[2] Zur weiteren Erforschung seiner Beobachtung reiste Ekman gemeinsam mit Wallace V. Friesen 1971 nach Neuguinea und beobachtete unter dem Titel „Constants across cultures in the face and emotion" das Volk der Fore, die in einem abgeschiedenen Bergdorf lebten.[3]

Ziel der Feldstudie war es herauszufinden, ob universale Gesichtsausdrücke der Emotionen existieren. Um zu beweisen, dass primitive Kulturen, die nur minimalen Kontakt zur westlichen Welt haben, mit Gesichtsbewegungen die gleichen emotionalen Konzepte assoziieren wie westliche Kulturen, wurden den Fore Bilder von emotionalen Gesichtsausdrücken westlicher Menschen gezeigt. Diesen sollten die Fore einen Emotionsbegriff zuordnen. Diese Feldstudie scheiterte zunächst an der Sprachbarriere, da die Fore den westlichen Emotionsbegriff, beziehungsweise dessen Übersetzung, nicht zuordnen konnten. In einem zweiten Experiment wurden den Fore Geschichten erzählt. Anschließend sollten sie aus drei Gesichtsausdrücken einen auswählen, dass am besten zu der Erzählung passt. Die Ergebnisse beweisen die Hypothese, dass die Assoziation

---

[1] Ekman (1999), S. 47.

[2] Vgl. ebd., S. 47 f.

[3] Vgl. Ekman et al. (1971), S. 124.; vgl. www.dasgehirn.info (2011a); vgl. www.dasgehirn.info (2011b).

zwischen bestimmten Geschichtszügen und diskreten Emotionen universal, also unabhängig vom sozialen Umfeld ist.[4]

Das Ergebnis der Studie stützt Ekmans anfängliche Beobachtungen. Unabhängig von der Herkunft können Menschen die Mimik von Menschen anderer Herkunft erkennen. Ausgehend von dieser Studie forschte Ekman weiter und kam zu dem Schluss, dass es Emotionen gibt, die nicht kulturell bedingt sind sondern genetisch veranlagt. Er prägte den Begriff der globalen Mimik.[5]

2.1.2. Weitere Forschung

Neben Ekman haben sich auch weitere Psychologen mit dem Phänomen der angeborenen bzw. globalen Mimik beschäftigt. Der Verhaltensforscher Eibl-Eibesfeld untersuchte diese Thematik mit einer anderen Herangehensweise. An blinden und tauben Kindern zeigte er, dass die Basisemotionen angeboren sind. Obwohl die Kinder die Mimik anderer Menschen nie beobachten konnten, zeigten auch sie die Grundemotionen. Vor allem das Weinen bei Traurigkeit und Lächeln bei Freude sind deutlich wahrnehmbar. Dieser Ausdruck ist jedoch weniger graduiert als bei sehenden Menschen und nimmt mit zunehmendem Alter ab. Auch dies stützt die These einer genetisch bedingten Mimik.[6]

2.2. Emotionen erlernen

Wenn also alle Menschen genetisch über die gleiche Mimik verfügen, stellt sich nunmehr die Frage, warum die Fijianerin so extrem reagierte. Da es eine globale Mimik gibt und Fijianer sowie Europäer das Gleiche unter Weinen verstehen, stellt sich weiterführend die Frage, ob man die Intensität im Ausdruck von Emotionen erlernen kann. Allgemein gefragt zunächst, kann man Emotionen erlernen?

John B. Watson hat im Jahr 1917 die Theorie veröffentlicht, dass die Bandbreite an Stimuli, die Emotionen auslösen, im Laufe des Lebens erlernt oder konditioniert werden können. Dieser These liegt die Beobachtung zugrunde, dass emotionale Reaktionen wie Wut, Angst und Liebe vom Kindheitsalter bis hin zum Erwachsenenalter komplexer

---

[4] Vgl. Ekman et al. (1971), S. 124 f.; vgl. www.dasgehirn.info (2011a); vgl. www.dasgehirn.info (2011b).
[5] vgl. www.dasgehirn.info (2011a); vgl. www.dasgehirn.info (2011b).
[6] vgl. www.dasgehirn.info (2011a).

werden.[7] Unter dem Titel „Conditioned emotional reactions" bewies Watson zusammen mit Rosalie Rayner im Jahr 1920 die Theorie am Fall des kleinen Albert.[8]

Albert B., 9 Monate alt, galt als stures und unemotionales Kind. In diversen Tests untersuchten Watson und Rayner, ob bestimmte Stimuli Angstreaktionen bei Albert hervorrufen. Dazu wurden Albert sukzessive eine weiße Ratte, ein Kaninchen, ein Hund, ein Affe, mit Masken, mit und ohne Haare, Watte sowie brennende Zeitungen gezeigt. Zu keinem Zeitpunkt zeigte Albert Angst. Daraufhin wurde Alberts Reaktion auf laute Geräusche getestet, indem ein Hammer auf eine Stahlstange geschlagen wurde. Auf laute Geräusche reagierte Albert intensiv.[9] Die Laboraufzeichnungen lauten:

„[…] the child started violently, his breathing was checked and the arms were raised in a characteristic manner. […] and in addition the lips began to pucker and tremble."[10]

In der Konditionierungsphase wurde Albert die Ratte erneut gezeigt. Sobald er sich dieser näherte wurde der Hammer direkt hinter seinem Kopf auf die Stahlstange geschlagen. In einem ersten Durchgang versteckte Albert seinen Kopf in der Matratze, in einem zweiten begann er zu wimmern. Nach einer Woche ohne Konditionierung wurde Albert die Ratte erneut gezeigt. Er versuchte erneut sie zu berühren. Stoppte jedoch immer kurz bevor er sie berührte. Die Stimuli aus der vorherigen Woche zeigten eine erste Wirkung. Nach sieben weiteren Begegnungen mit Ratte und Hammerschlag reagierte Albert auf die Ratte ohne Hammerschlag mit Weinen.[11]

In einem weiteren Schritt wurde Albert ein weißes Kaninchen gezeigt. Auch bei diesem Anblick fing er an zu weinen, sowie bei dem eines Fellmantels. Von Baumwolle und weißen Haaren wendete er sich nur ab. Somit ist die Generalisierung von der Ähnlichkeit des Ursprungsstimulus abhängig. Darüber hinaus ist festzuhalten, dass nach weiterer Konditionierung auch die Reaktionen auf Fellmantel, Baumwolle und weiße Haare stetig intensiver wurden.[12]

Das Ergebnis des Experiments stützt die ursprüngliche Theorie von Watson und Morgan, dass Emotionen und vor allem die Intensität der emotionalen Reaktion konditio-

---

[7] Vgl. Watson et al. (1917), S. 165; vgl. ebd. S. 172 f.
[8] Vgl. Watson et al. (1920), S. 1.
[9] Vgl. ebd., S. 2.
[10] Ebd., S. 2.
[11] Vgl. ebd., S. 4 f.
[12] Vgl. ebd., S. 6 ff.

nierbar beziehungsweise erlernbar sind. Größter Kritikpunkt der Theorie ist, dass Albert die einzige Versuchsperson war.

Daneben hat auch Joseph LeDeux in den 1980er Jahren mit einem Rattenversuch gezeigt, dass Angst erlernt und erinnert werden kann, vor allem aber auch, dass ein emotionales Gedächtnis, die Amygdala, existiert.[13]

Diese Experimente beziehen sich auf die Emotion Angst. Zum Erlernen von anderen Emotionen existieren kaum Experimente. Unter Anbetracht der Tatsache, dass Angst erlernbar ist, unser ganzes Leben ein Prozess des Lernens ist und wir mit der Amygdala ein emotionales Gedächtnis haben, liegt es nahe, dass auch die anderen Emotionen erlernbar sind.

2.3. Kulturelle Unterschiede in der Erziehung

2.3.1. Kollektivistische vs. Individualistische Kulturen

Wenn also die Intensität des Ausdrucks von Emotionen erlernbar ist, stellt sich zuletzt die Frage, was der entscheidende kulturelle Unterschied in der Erziehung von Emotionen ist. Da keine speziellen Forschungen zu den Unterschieden zwischen Fiji und Deutschland existieren, wird im Rahmen der vorliegenden Arbeit eine allgemeinere Perspektive analysiert. Der Fokus liegt zunächst auf den Unterschieden zwischen kollektivistischen und individualistischen Kulturen.

Individualistische Kulturen wie beispielsweise Deutschland, Amerika und die gesamte westliche Welt kennzeichnen sich dadurch, dass die Entfaltung des Individuums einen sehr hohen Stellenwert hat. Das Individuum ist das Hauptmerkmal der sozialen Wahrnehmung. Erfolg wird durch eigene Fähigkeiten erklärt, Misserfolg durch äußere Umstände. Die Menschen streben nach Differenzen zu den anderen und orientieren sich an den eigenen Bedürfnissen. Die Abhängigkeit von anderen ist negativ konnotiert. Die Werthaltung dieser Gesellschaften ist vor allem auf die Individualität ausgerichtet.[14]

Kollektivistische Kulturen wie beispielsweise Fiji oder Japan legen den Fokus auf die Einbindung des Einzelnen in die soziale Gruppe. Die Gruppe gilt als Hauptmerkmal der sozialen Wahrnehmung. Erfolg wird auf die Unterstützung anderer zurückgeführt,

---

[13] Vgl. www.dasgehirn.info (2012); vgl. LeDeux (2003), S. 728 f.

[14] Vgl. Genkova (2012), S. 161 f.

Misserfolg wird durch fehlende eigene Anstrengung erklärt. Die Menschen sind auf die Gruppenbedürfnisse hin orientiert. Vor allem die Isolation ist stark negativ konnotiert. Die Werthaltung ist dementsprechend auf die soziale Gruppe hin orientiert.[15]

2.3.2 Emotionale Entwicklung im Kulturvergleich

Trommsdorff u. Friedlmeier führten im Jahr 1999 eine Studie zur emotionalen Entwicklung im Kulturvergleich durch. Ziel der Studie war es, die kulturellen Unterschiede im Ausdruck von Emotion zu analysieren. Dazu wurden japanische und deutsche Mädchen im Altern von zwei und vier Jahren stellvertretend für kollektivistische und individualistische Kulturen ausgewählt und beobachtet. Die Versuchspersonen wurden zum Spielen mit einem gleichaltrigen Mädchen in einen Beobachtungsraum geschickt. In einem ersten Durchlauf ging das Spielzeug der Spielpartnerin kaputt. In einem zweiten Durchlauf das eigene Spielzeug.[16]

Die japanischen Mädchen zeigten weniger selbstbezogene, mehr personenbezogene Emotionen, das heißt sie wurden emotionaler, als das Spielzeug der Spielpartnerin kaputt ging. In kollektivistischen Kulturen wie Japan lernen Kinder früh, die Harmonie der Gruppe nicht durch selbstbezogene negative Emotionen zu stören. Japanische Mütter setzen dazu in der Frühkindlichen Erziehung diverse Ablenkungsstrategien ein, um sowohl emotionale Geborgenheit als auch eine Orientierung auf externe Erwartungen mitzugeben.[17]

Die deutschen Mädchen hingegen zeigten vermehrt selbstbezogene Emotionen, d.h. wenn das eigene Spielzeug kaputt gegangen ist. In individualistisch orientierten Gesellschaften entwickeln Kinder früh die Einstellung, dass ihre Emotion ein authentischer Teil der eigenen Persönlichkeit ist. Sie müssen negative Emotionen nicht verstecken. Die Ermutigung von der Mutter, eigene Gefühle zu erleben unterstützt die Bildung eines Emotionskonzepts, wodurch der Aufmerksamkeitsfokus auf der eigenen Person liegt.[18]

Zusammenfassend lässt sich sagen, dass Emotionen vor allem im Verlauf von sozialer Interaktion entstehen und reguliert werden. Die frühkindliche Interaktion variiert je

---

[15] Vgl. Genkova (2012), S. 161 f.
[16] Vgl. Trommsdorff et al. (1999), S. 290.
[17] Vgl. ebd., S. 290 f.
[18] Vgl. ebd., S. 291.

nach kulturellem Kontext. Damit ist das soziale Umfeld funktional für die Entwicklung von Emotion und deren Regulation.[19]

2.4. Zusammenhang

Abbildung 1: Einflussgrößen emotionaler Reaktion[20]

Die aufgeführten Studien zeigen, dass die emotionale Reaktion in drei Ebenen aufgeteilt werden kann. Zunächst existiert eine universale oder sogar angeborene Mimik als Grundlage der Emotion. Vereinfacht dargestellt löst Freude in den Menschen die emotionale Reaktion „Lachen" aus, Trauer die emotionale Reaktion „Weinen". Somit können Menschen unterschiedlichster Kulturen die Mimik anderer Kulturen deuten und verstehen und interkulturell kommunizieren.

Da in der körperlichen Ausdrucksweise der Emotion kein kultureller Unterschied existiert, spielt die Erziehung eine zentrale Rolle beim Zeigen von Emotionen. Diese zweite Ebene der Erziehung bestätigen Experimente wie der Fall des kleinen Albert.

---

[19] Vgl. ebd., S. 291.
[20] Eigene Darstellung der in der Arbeit beschriebenen Zusammenhänge.

Der entscheidende kulturelle Unterschied in der Erziehung von emotionalem Verhalten liegt laut der Studie von Trommsdorff und Friedlmeier in der frühkindlichen Interaktion im Zusammenhang mit dem kulturellen Kontext. Die dritte Ebene, das soziale Umfeld hat somit über die Erziehung einen funktionalen Einfluss auf die emotionale Reaktion.

3. Fazit

Bezogen auf die Ausgangssituation lässt sich nun Folgendes sagen: Die Bewohner der Fiji-Insel leben, wie eingangs beschrieben, in einer höchst kollektivistischen Gesellschaft zusammen. Die soziale Gruppe hat oberste Priorität. Durch die geographische Abgrenzung zum Festland leben die sozialen Gruppen größtenteils in einer selbstversorgenden Gemeinschaft, in der jeder auf jeden angewiesen ist. Bereits die Kinder werden voll in die soziale Gruppe integriert und auf die Gruppenharmonie hin erzogen. Ein Leben in Mehrfamilienhäusern ohne ständigen Kontakt zu den Nachbarn ist dort nicht denkbar.

In der westlichen, individualistischen Kultur hingegen ist es durch die starke Urbanisierung weit verbreitet, auf sich selbst gestellt zu leben. Die soziale Gruppe spielt zwar eine wichtige Rolle, wechselt im Leben des Individuums jedoch häufig. Im Fokus des Einzelnen steht der eigene Lebensweg, die Verwirklichung der individuellen Person.

Bei der Begegnung beider Kulturen stoßen grundsätzlich unterschiedliche Lebensweisen und Einstellungen aufeinander. Es ist eine Begegnung mit dem Unbekannten.

Aus Sicht der Fijianer ist die Situation also folgendermaßen zu sehen: Auf den Fijis ist die Gemeinschaft das ein und alles. Ohne die Gemeinschaft kann auch der Einzelne nicht auf die gewohnte Weise überleben. Es besteht eine Abhängigkeit. Die soziale Gruppe und das Zusammenleben können somit sinnbildlich als der Teddy-Bär oder Spielzeug aus dem Experiment von Trommsdorff und Friedlmeier angesehen werden. In der Begegnung mit der individualistischen Kultur, ohne großes Vorwissen, scheint es aus Sicht der Fijianer zunächst so, dass der Teddy-Bär der westlichen Welt, also die Gemeinschaft in der individualistischen Gesellschaft, kaputt ist. Für die Fijianer wäre der Verlust der Gemeinschaft unvorstellbar. Und dieser Hintergedanke, in Verbindung mit dem Grundgedanken kollektivistischer Kulturen, dass die Gruppe, die Gruppenharmonie im Vordergrund steht, löste die Tränen der Fijianerin aus.

Literaturverzeichnis

1. Monographien

Genkova, P. (2012): Kulturvergleichende Psychologie. Ein Forschungsleitfaden, 1. Aufl., Heidelberg 2012.

2. Aufsätze/Artikel in Sammelwerken, Kommentaren, Festschriften

Ekman, P. (1999): Basic Emotions, in: Dalgeish, T./Power, M. J.: Handbook of Cognition and Emotion, 1. Aufl., Chinchester 1999, S. 45 - 60.

3. Zeitschriftenartikel oder Zeitungsartikel

Ekman, P./ Friesen, W. (1971): Constants across cultures in the face and emotion, in: Journal of Personality and Social Psychology, 1971, Vol. 17, No. 2, S. 124 – 129.

LeDeux, J. (2003): The Emotional Brain, Fear, and the Amygdala, in: Cellular and Molecular Neurobiology, 2003, Vol. 23, S. 727-738.

Trommsdorff, G./ Friedlmeier, W. (1999): Emotionale Entwicklung im Kulturvergleich, in: Friedlmeier, W./ Holodynski, M. (Hrsg.): Emotionale Entwicklung: Funktion, Regulation und soziokultureller Kontext von Emotionen, Spektrum, S. 275 – 293.

Watson, J. B./ Morgan J. J. B. (1917): Emotional reactions and psychological experimentation, in: The American Journal of Psychology, 1917, No. 2, S. 163 – 174.

Watson, J. B./ Rayner R. (1920): Conditioned emotional reactions, in: Journal of Experimental Psychology, 1920, 3 (1), S. 1 – 14.

4. Internetquellen

www.dasgehirn.info (2011a): Die Wurzeln der Gefühle (https://www.dasgehirn.info/denken/emotion/die-wurzeln-der-gefuehle, Stand 03.08.2015).

www.dasgehirn.info (2011b): Ich sehe was du fühlst (https://www.dasgehirn.info/handeln/mimik-gestik-koerpersprache/ich-sehe-was-du-fuehlst, Stand 03.08.2015).

www.dasgehirn.info (2012): Das Fürchten lernen
(https://www.dasgehirn.info/denken/emotion/das-fuerchten-lernen, Stand 03.08.2015).